MÉMOIRE

QUI A REMPORTÉ LE PRIX DE 600 FRANCS,

PROPOSÉ PAR L'ACADÉMIE

DES IGNORANTS,

IMPRIMÉ AU PROFIT DE L'AUTEUR,

CONFORMÉMENT AU PROGRAMME PUBLIÉ PAR L'ACADÉMIE;

OU

RÉPONSE A CETTE QUESTION:

Quels sont les Moyens les plus prompts et en même temps les plus modérés pour anéantir à jamais la Révolution, en respectant ce que la Charte royale en a consacré.

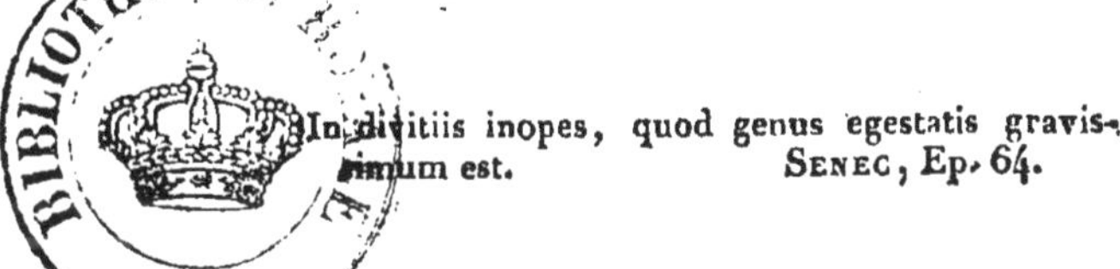

In divitiis inopes, quod genus egestatis gravissimum est. SENEC, Ep. 64.

A PARIS,

A L'ACADÉMIE DES IGNORANTS, RUE St-HONORÉ, No. 290;

ET CHEZ LE NORMANT, Libraire, rue de Seine, n°. 8;
PETIT, PONTHIEU, PÉLISSIER, Libraires au Palais-Royal.

Août 1820.

DE L'IMPRIMERIE D'ANTH^e^. BOUCHER, SUCCESSEUR DE L. G. MICHAUD,
Rue des Bons-Enfans, *N*o. 34.

MÉMOIRE

QUI A REMPORTÉ LE PRIX DE 600 FRANCS,

PROPOSÉ PAR L'ACADÉMIE

DES IGNORANTS.

RÉPONSE

A LA QUESTION PROPOSÉE PAR L'ACADÉMIE,

EN CES TERMES:

Quels sont les Moyens les plus prompts, et en même temps les plus modérés, pour anéantir à jamais la Révolution, en respectant ce que la CHARTE ROYALE *en a consacré.*

In divitiis inopes, quod genus egestatis gravissimum est.
SENEC, Ep. 64.

---

§ Ier.

AVANT-PROPOS.

Que faut-il entendre par ces mots: *Anéantir la révolution?*

L'Académie, qui en a fait le sujet d'un concours, se borne-t-elle à désirer qu'on lui indique des moyens d'appaiser cette fièvre politique qui tourmente la France depuis trente ans, et qui, dans ce long intervalle, a présenté des caractères si divers et si étonnants?

Envisage-t-elle, au contraire, cette affection morbifique sous ses rapports contagieux; et, justement alarmée de ses progrès, qui se manifestent par l'imprudente et indiscrète ardeur avec laquelle, de toutes parts, on demande des *consti-*

tutions, c'est-à-dire des *bouleversements*, sa question embrasse-t-elle l'intérêt de l'Europe entière ?

Il n'est pas indifférent de se fixer à cet égard.

Peut-être est-il facile d'indiquer des moyens de calmer l'effervescence d'une nation qui a passé par toutes les épreuves imaginables, qui a connu toutes les misères, qui a subi toutes les tyrannies, qui s'est enivrée des plus décevantes prospérités, et qui, rêvant encore la gloire, s'est vue deux fois, en une seule année, à la merci des rois, dont, naguères, elle semblait tenir le destin dans ses mains......... La lassitude, à défaut de tout autre moyen de lui faire accepter un régime convenable à sa nouvelle position, offre de puissantes ressources pour la ramener au repos dont elle-même elle avoue le besoin.

Il n'en est pas de même, s'il est question d'étendre la cure à tous les peuples chez lesquels ont, plus ou moins, pénétré les idées révolutionnaires..... La nécessité d'amener leurs souverains à une volonté commune pour adopter un traitement uniforme, *sauf les modifications que devront exiger certaines circonstances locales*, hérisse, dès l'abord, ce grand œuvre de difficultés qu'on peut être tenté de croire insurmontables.

Avant d'entrer dans mon sujet, il faut que je devine quel a été le but de l'Académie, et que j'opte pour l'une des deux applications que je puis faire de la question qu'elle a proposée et à laquelle j'entreprends de répondre.

Je remarque d'abord que son programme n'a pas été posé d'un seul jet. Tel qu'elle l'a annoncé dans la 32e. livraison de son *Parachute monarchique*, il était simple ; il donnait aux concurrents une latitude indéfinie pour résoudre la question ; il leur laissait la liberté de restreindre leurs recherches à la France, ou de les étendre, non pas seulement à l'Europe, mais encore aux possessions européennes dans le Nouveau Monde.

L'addition qu'elle y a faite, par la 12e. livraison de son *Mercure royal*, impose, au contraire, l'obligation de subordonner les moyens d'anéantir la *révolution*, à la nécessité de *respecter ce que la Charte royale en a consacré;* dès-lors, et par cela seul, de générale qu'elle était d'abord, la question semble convertie en une question particulière et purement locale.

Cette addition, que, sans trop hasarder, l'on peut croire avoir dénaturé la pensée primitive de l'homme de bien qui a ouvert le concours, ne laisse guère douter en effet qu'il ne s'agit plus maintenant que de la France : je devrais donc peut-être ne pas aller plus loin, et, sans autre examen, je pourrais profiter de la plus grande facilité qu'offre la solution du problême ainsi simplifié, au lieu de songer à étendre au-delà mes recherches ou mes propositions.

Je ne puis toutefois m'empêcher de faire remarquer, qu'en me circonscrivant dans cette sphère trop rétrécie, je me priverais des moyens de connaître la profondeur de la blessure qu'a reçue l'ordre social, et que, faute de pouvoir constater l'intensité du mal qu'il s'agit de guérir, je m'exposerais à n'offrir, au lieu du remède spécifique qu'on me demande, que des palliatifs insuffisants qui, peut-être, en atténueraient les symptômes, en reculeraient les paroxysmes, mais n'en détruiraient pas la cause.

Tel ne doit pas être le but de l'Académie ; car il est évident que, si on ne va pas jusqu'au vif, au moindre relâche du régime calmant auquel le malade serait assujetti, sa maladie pourrait reprendre le dessus avec une irritation nouvelle, accrue par les efforts mêmes que, jusque-là, on aurait faits pour en comprimer les ravages.

Cette considération me détermine à dépasser les bornes qui, au premier coup-d'œil, semblent m'être prescrites. J'envisagerai donc mon sujet sous un point de vue général ; j'essaierai de résoudre la question proposée dans l'intérêt universel de l'Europe continentale et coloniale ; et je considérerai le respect qui m'est imposé pour la Charte royale de France, uniquement comme une *de ces circonstances locales* dont j'ai déjà parlé, et d'après lesquelles devront être sagement modifiées les mesures générales que je croirai capables d'éteindre dans toute l'Europe le feu souterrain qui, partout, creuse le vaste gouffre où peuvent, en un clin-d'œil, s'engloutir tous ses gouvernements, et, avec eux, se perdre, pour des siècles peut-être, tous les éléments de son bonheur.

---

§ II.

Coup-d'œil général sur l'Europe.

Une série indéfinie de révolutions qui s'engendrent l'une par l'autre, est un fléau qui semble vouloir se répandre dans tout l'univers.

Arrêter ce torrent est un devoir pour les souverains.

Les seconder est celui de tous les gens de bien.

J'essaierai de payer ma dette en proposant mes vues sur les moyens d'atteindre ce but important.

Je pourrais commencer par esquisser ici le tableau affligeant des symptômes morbifiques que présentent les états de l'Europe ; je pourrais m'attacher à démontrer la liaison qui existe entre les révolutionnaires de tous les pays, quelles que soient leurs dénominations, les fausses couleurs qu'ils donnent à leur turbulence ou la divergence apparente de leur but avoué, selon les lieux : il me serait aisé d'établir qu'ils tendent tous au même objet, *l'anéantissement de l'ordre actuel dans toute la chrétienté*, impatients, quoiqu'il puisse en coûter, de réaliser les chimères du philosophisme moderne, en prenant pour point de départ celle de *la souveraineté du peuple*; base fondamentale de l'ordre nouveau dont ils rêvent le monstrueux et impraticable établissement.

Mais que dirais-je sur tout cela, dont ne soient pas déjà pénétrés, ou l'Académie à laquelle cet écrit est destiné, ou les hommes d'Etat qui, seuls, s'il est déclaré digne de leurs regards, auront à juger les moyens qui y seront indiqués comme capables d'anéantir la révolution ? J'y trouverais de très beaux textes pour de pompeuses déclamations, des motifs légitimes pour m'abandonner à des mouvements oratoires; or, ces mouvements, ces déclamations, je me les interdis par réflexion. Je dois convaincre et non séduire mes lecteurs. Je leur présenterai ce qui me semblera la vérité, sans art, sans ornement et surtout sans passion, heureux si je ne reste pas trop en deçà du but désigné à mon zèle; plus heureux encore si je ne le dépasse pas, ce qui serait m'ôter la possibilité de l'atteindre jamais!

Il m'est pénible de le dire : la France est le centre de gravitation des révolutionnaires de tous les pays. L'esprit de destruction qui possède aujourd'hui l'Europe pouvait, en 1814, y être étouffé pour toujours. Malheureusement il n'en fut pas ainsi.

Je n'afficherai pas la prétention de décider si Louis XVIII, remontant au trône de Louis IX, put éviter de faire à la révolution les concessions qu'il lui a faites en mettant à la place de sa belle déclaration datée de Véronne, la Charte qui régit aujourd'hui ses états; je me bornerai à dire que, s'il est vrai, comme il faut le croire, que la sagesse de ce monarque ait dû faire à l'esprit du temps un si grand sacrifice, il l'a du moins atténué autant qu'il était en lui, en rattachant à la mort de Louis XVII son avènement à la couronne, en datant sa Charte de la 19e. année de son règne, et en s'intitulant *Roi de France et de Navarre par la grâce de Dieu.*

Il ne faut pas douter, qu'à cet égard, il aura eu à se défendre de l'obsession de ceux de ses sujets qui, par leur position, furent les premiers à l'approcher, et qui ne l'approchèrent, en effet, qu'animés par l'espoir de lui imposer des conditions que, dans leur présomption, ils se flattaient que ce monarque serait trop heureux d'accepter. Sa fermeté, que ne purent ébranler les sophismes qui, sans doute, furent mis en avant pour le pousser, dès le premier pas, dans cette fausse route, est un des actes qui honorent le plus le caractère de ce prince éclairé et, tout ainsi que le magnanime refus qu'il fit, à Saint-Denis, d'arborer la cocarde tricolore à son retour de Gand, il lui mérite l'admiration et la reconnaissance de la France fidèle à ses rois, à ses mœurs et à sa religion.

Sans ces deux circonstances, si honorables pour lui, ce roi, depuis long-temps peut-être, aurait subi les conséquences d'une condescendance qui, consacrant le principe perturbateur de la souveraineté du peuple, l'aurait constitué, non l'héritier de soixante rois, mais celui de la révolution.

Cependant, si j'admets qu'une nécessité insurmontable ait pu faire à ce prince la loi de substituer sa Charte à sa déclaration de 1794 (1). Quelque peu disposé que je sois à blâmer les princes de la terre, constamment effrayé de l'énormité du fardeau qui pèse sur eux, et bien convaincu de l'ignorance où nous sommes des difficultés qu'ils ont à combattre ou des motifs qui les déterminent, je ne saurais concevoir que le ministère de Louis XVIII ait cru pouvoir impunément maintenir dans toutes les places, et surtout après le 20 mars, cette foule d'hommes de la révolution qu'il était si facile d'en écarter dès le principe, qui s'y étaient tous attendus, et qui, aujourd'hui, considèrent comme un patrimoine les fonctions qu'on leur a conservées.

---

(1) C'est uniquement de cette nécessité déplorable qu'émane le malheureux engoûment qui s'est répandu dans toute l'Europe pour ce qu'on a appelé le système représentatif, quoiqu'il soit aisé de prouver qu'il n'y a aucun caractère de représentation dans nos institutions constitutionnelles.

Puisque l'une des données que je dois admettre, dans l'examen du problème à résoudre, est *le maintien de la Charte royale de Louis XVIII*, je ne m'attacherai pas à rechercher jusqu'à quel point est fondée ou non l'opinion de ceux qui, justement alarmés de la manie dont l'Europe entière *a l'air* d'être saisie, considèrent l'abstraction métaphysique dont elle raffolle, comme un brandon de discordes interminables où tous les gouvernements doivent finir par trouver leur tombeau, s'ils ne se hâtent pas de se mettre en défense contre les envahissements qui les menacent.

Il me suffit d'avoir établi que cette tendance à une nouvelle manière d'être, qui se manifeste sans exception dans tous les états européens, est due uniquement aux ménagements qu'ont obtenus en France les idées et les hommes révolutionnaires ; d'où il est aisé de concevoir par quel enchaînement une communauté d'intérêts a établi une communauté de vœux, d'action, et par conséquent d'espérance entre les *Libéraux* de Paris, les *Radicaux* de Londres, les *Teutonistes* d'Allemagne, les *Carbonari* d'Italie et les *Libérales* de Madrid, qu'on peut confondre tous sous la dénomination générique de constitutionnels-révolutionnaires (1).

---

(1) Est-il possible de ne pas être frappé du soin avec lequel ils caractérisent eux-mêmes l'esprit qui les anime? Lisez en France leurs écrits, leurs journaux, vous n'y verrez pas une seule fois la charte de Louis XVIII, qualifiée de *Charte royale*; c'est toujours la *Charte constitutionnelle* dont ils vous parlent ; leurs imprimeries, leurs librairies sont *constitutionnelles* ; tout ce qui est susceptible de recevoir cette épithète, ils ne manquent pas de l'y ajouter avec affectation. C'est le cri de guerre du parti, et ce cri est placardé sur toutes ses bannières.

On aurait tort de croire que c'est à la concession d'un système représentatif, plus ou moins direct, plus ou moins étendu, que se bornent les meneurs de la *révolution européenne*. L'esprit démagogique dont ils sont possédés a besoin de saisir ce premier anneau de la chaîne qu'il se promet de parcourir ; mais, jusqu'à ce qu'il l'ait dans ses mains, il se garde avec soin de laisser deviner quelles seront les prétentions ultérieures qu'il développera progressivement de succès en succès.

Les niais, les enfants perdus du parti, commettent, il est vrai, des imprudences et des indiscrétions qui décèlent leur but définitif; mais les chefs sont plus réservés : attentifs à désavouer des exagérations, qu'ils disent ne pas partager, afin de ne pas compromettre la position qu'occupent un grand nombre d'entre eux, ceux-ci protestent à tout propos de leur dévouement à leurs princes, dont ils se disent hypocritement les défenseurs les plus zélés et les amis les plus sincères.

Je m'abstiens d'examiner à quel point le Roi de France fut abusé par cette jonglerie, depuis qu'un de ses ministres pris parmi les assassins de Louis XVI, à une époque où peut-être ce prince n'avait pas la liberté du choix, imagina de lui persuader que la masse de la population de son royaume était imbue des principes révolutionnaires et ne concevait pas que la royauté pût reprendre racine parmi nous si, protectrice scrupuleuse des conséquences de la révolution, elle n'évitait pas de chercher ailleurs le principe de sa durée et de sa légitimité.

Je dirai seulement que la déviation de la ligne monarchique qu'avait d'abord suivie le ministère de Louis XVIII, date du trop fameux mémoire de FOUCHÉ, où fut, pour la première fois, proférée cette perfide absurdité. Y croire un seul instant fut une faute énorme : y coordonner le système moral de l'administration fut le comble de l'aveuglement.

En politique, nulle faute ne reste impunie.

Toute déviation peut mener à un précipice.

La France en a fourni la preuve, puisque, si l'on veut remonter à la cause première des agitations dont elle a présenté, depuis quatre ans, le spectacle inquiétant, on retrouve, au bout de sa course, le mémoire de Fouché comme l'unique source des imprudences commises depuis cette époque.

Ces imprudences ont eu leurs conséquences, auxquelles il était impossible que l'Europe demeurât étrangère.

Elles ont réveillé l'esprit révolutionnaire, et cet esprit qui, tel que le fluide électrique, cherche sans cesse de nouvelles communications, cherche son équilibre à travers tous les genres d'obstacles, et, rapide comme la pensée, ne sait pas s'étonner des plus grandes distances, cet esprit a franchi, du premier élan, les Alpes, la Manche, le Rhin, et enfin jusqu'aux Pyrénées, d'autant plus avide d'étendre ses ravages qu'il s'était vu à la veille d'être pour long-temps comprimé et peut-être étouffé sans retour.

Qu'eût-il fallu, en 1814, pour que la première restauration du trône des Bourbons eût été son tombeau?..... Hélas!.... on rougit d'y penser! oserai-je le dire ?

Louis XVIII avait, par sa déclaration de 1794, annoncé à tout l'univers qu'il ne se croyait pas le droit de porter atteinte aux anciennes constitutions de son empire ; il avait prouvé à ses peuples que ces constitutions, indignement calomniées par les tyrans révolutionnaires, renfermaient toutes les garanties sociales que leur avaient promises des imposteurs incapables de les leur donner ; il s'était enfin engagé à rendre à la France et ses antiques lois dégagées des abus que le temps y avait introduits, et sa religion, le premier des biens dans l'ordre social.

Ce Monarque retrouva sa France prête, comme l'argile sous la main du potier, à recevoir toutes les formes qu'il aurait voulu lui donner ; nul obstacle à l'exécution de sa sage et magnanime déclaration de 1794 : l'Europe armée n'eût-elle pas été en mesure de seconder ses grands desseins, l'enthousiasme universel qu'excita sa seule présence aurait suffi pour faire expirer le murmure sur les lèvres des révolutionnaires effrayés de leur petit nombre, à la vue de la nation entière exprimant ses vrais sentiments pour la première fois depuis vingt-cinq ans.

Tout pouvait être consommé en un instant ; la révolution, frappée de mort, rentrait dans le néant pour n'en sortir jamais; les royalistes, honorés de la confiance du Monarque, auraient bâti sur le roc granitique l'édifice de la restauration ; et, rendus à leur nullité originelle, trop heureux de se voir oubliés, les *parvenus* de la révolution auraient profité en silence de l'amnistie qui aurait couronné ce grand œuvre, et du système de clémence, exempte de faiblesse, qui en eût été la conséquence raisonnée.

Il ne faut que comparer ce qu'on a fait avec ce qu'on aurait dû faire pour concevoir d'où procèdent le malaise, l'inquiétude, le besoin d'un remède efficace et surtout promptement appliqué, dont, partout, se trouvent tourmentés à-la-fois les peuples et les gouvernements.

La France est devenue, par la force des choses, par ses longues agitations, par sa position centrale, le pivot du mouvement vital de l'Europe. Lui dénier ce funeste avantage, qui lui coûte si cher, serait s'exposer à ne faire aujourd'hui, en politique, que de faux calculs: on doit le reconnaître; quant à présent du moins, elle est à l'Europe ce que le cœur est au corps humain.

Si Louis XVIII n'eût pas été forcé de s'abandonner aux perfides conseils des hommes révolutionnaires qui allèrent au-devant de lui pour égarer ses premiers pas (1), la France fût demeurée calme, et déjà son bonheur intérieur serait un objet d'admiration pour tout l'univers.

Elle a perdu ce calme, qu'il était si facile de lui rendre et de lui conserver; et les contre-coups des troubles où on l'a livrée ont été ressentis dans toute la chrétienté.

L'Espagne a résisté long-temps aux effets contagieux des absurdes et dangereux systèmes qui ont prévalu parmi nous; elle y a résisté, grâces à la vigueur de ses anciennes institutions et de ses principes religieux, long-temps restés debout, quand tout s'écroulait autour d'elle : mais enfin, elle a dû succomber à l'influence du mal français, devenu le mal européen, et qui, plus terrible que la peste dont elle a été affligée, a fini par l'atteindre elle-même: événement funeste dont il ne faut chercher la cause qu'à Paris.

A son tour aujourd'hui, l'Espagne l'emporte

---

(1) La conduite infâme du comte de l'Abisbal, en Espagne, explique ce que sont ces hommes : ils se ressemblent tous.

peut-être sur la France en influence mortifère. Peut-être sa constitution, impur ramas de toutes les rêveries d'un siècle raisonneur, œuvre indigeste d'une assemblée qui crut qu'une nation peut se créer des droits en foulant aux pieds ses devoirs, réagira-t-elle sur la France elle-même pour ajouter à l'intensité de la corruption qui la ronge et dont les miasmes pestilentiels se répandent sur tout le reste de l'Europe, qui, bientôt, peut finir par n'avoir plus la force de s'en garantir.

Il n'y a pas un instant à perdre.

Hésiter sur le choix d'un remède pour arrêter le cours de cette dévorante épidémie, est sans doute conforme à la sagesse qui doit diriger les souverains, augustes pasteurs de leurs peuples; mais cette hésitation ne doit pas être longue. Il serait éminemment dangereux que leur silence trop prolongé sur la révolution d'Espagne et sur sa cause immédiate (l'audace irréprimée des révolutionnaires français), donnât aux perturbateurs de l'Europe le temps de renouer leurs trames et le courage de hâter l'exécution simultanée de leurs desseins abominables, en leur persuadant qu'ils inspirent assez de crainte pour qu'on ne songe pas même à leur résister.

La nature a dit à tous les êtres: *Conserve-toi aux dépens de ce qui te nuit.*

Tous obéissent à cet instinct.

Les gouvernements sont, comme les êtres physiques, soumis à cette loi universelle.

Ils ne peuvent la méconnaître.

Leur existence en dépend.

Ils n'y ont droit qu'à ce seul prix.

Une secte infernale conspire ouvertement contre eux! Elle annonce, sans déguisement, qu'elle travaille à leur ruine!

Anéantir cette secte, et l'anéantir pour toujours, est pour eux un besoin pressant, et, de plus, un devoir sacré.

Elle a pris sous sa protection les Templiers.

Philippe-le-Bel, justement effrayé de cet ordre puissant par ses richesses, par le rang de ses membres, qui tenaient aux premières familles, et même aux familles princières de l'Europe, puissant aussi par ses constitutions qui, dans les mœurs du temps, étaient aussi solides que celles de l'Etat, puissant enfin par la considération dont il jouissait dans l'esprit des peuples, ne craignit pas de porter, d'une main hardie, la hâche sur cet arbre immense qui pouvait l'écraser dans sa chute. Il l'abattit d'un seul effort ; et la secte s'est acharnée à flétrir la mémoire de Philippe-le-Bel.

Les révolutionnaires, en embrassant ainsi la défense d'un ordre religieux, semblent se mettre en contradiction avec leurs propres principes ; mais, ici, ils ne font que se montrer fidèles à leur instinct, pour lequel la haine des rois est une passion dominante. Ils pressentent peut-être confusément que le sort des Templiers peut un jour les atteindre eux-mêmes. Et d'ailleurs est-il bien prouvé que ces Templiers, dont la franc-maçonnerie moderne a retenu quelques pratiques, ne fussent pas les jacobins du siècle de Philippe-le-Bel, et ne conspirassent pas contre les trônes, comme les jacobins de notre âge ?

Cet ordre si puissant, si redoutable, si respecté, si solidement établi, fut dissous d'un clin-d'œil. En un instant il s'éclipsa devant la Majesté Royale. Les rois s'unirent dans l'intérêt commun de leur conservation ; le même jour, à la même heure, ils voulurent qu'il n'y eût plus de Templiers ; et les Templiers cessèrent d'être.

Ils laissèrent de grandes richesses, dont les rois héritèrent et disposèrent à leur gré ; mais c'est peut-être là ce qui a fourni à nos philosophes un prétexte pour calomnier ce grand coup d'état. Il fut, probablement, le résultat de la nécessité; il fut un acte de haute politique et de défense légitime : cependant quelques historiens l'ont défiguré, en lui imprimant le cachet d'une sordide et féroce cupidité; et nos révolutionnaires en ont fait un chapitre de leur *histoire des crimes des rois*.

Quoique sans autre titre que beaucoup d'impudence et de prétendus talents, qui se réduisent à savoir à propos faire beaucoup de bruit, dans chaque souveraineté de l'Europe, de misérables démagogues se sont constitués les juges de leurs maîtres et les arbitres des destinées de leur pays. Faut-il attendre, pour déjouer leurs manœuvres, qui tendent sans relâche à un bouleversement universel, que, devenus une puissance colossale capable d'une résistance sérieuse, il n'y ait contre eux d'autre ressource que le courage d'un nouveau Philippe-le-Bel ?

---

§. 3.

Exposé rapide des moyens d'anéantir la révolution sans porter atteinte à ce que la Charte royale en a consacré.

Il est une pierre de touche infaillible pour reconnaître l'efficacité positive de chacun des moyens qu'on peut croire capables de concourir à hâter et consolider la paix de l'Europe.

Cette pierre de touche, ce sont les jacobins de

tous les pays, et particulièrement ceux de France, qui nous la fournissent.

Ce n'est pas *la force* qui manque au pouvoir protecteur que les gens de bien se font un devoir, un bonheur d'environner de leur amour, de leur confiance ; c'est *la résolution*.

Pour lui, vouloir est déjà un moyen invincible.

Mais, pour vouloir, il faut choisir, et pour choisir, il faut des motifs de détermination.

Or, ces motifs, les révolutionnaires eux-mêmes passent leur vie à les multiplier.

Il n'y a qu'à écouter leurs infatigables clameurs contre tout ce qui contrarie leurs espérances ou alarme leur instinct soupçonneux ; on peut être sûr d'aller directement au but conservateur vers lequel l'Académie à cru utile de diriger les recherches des amis de l'ordre, en prenant à tâche de consolider, de protéger, de propager tout ce qui les offusque ou les blesse, tout ce qui est l'objet de leurs haineuses déclamations.

AINSI, en France, par exemple, ils ne cessent de se lamenter sur la perte de leur arme la plus dangereuse, *la liberté indéfinie de la presse !*

Concluons-en hardiment qu'une censure, modifiée selon les lois fondamentales de chaque pays, doit être mise au nombre des institutions permanentes de tous les états de l'Europe, et ne craignons pas de considérer comme une hérésie, qui participe de l'esprit révolutionnaire, l'opposition que quelques royalistes croiraient devoir manifester encore contre cette mesure sanitaire.

AINSI, ils crient à l'arbitraire parce qu'une loi passagère investit les ministres du droit d'ordonner, en certains cas, l'arrestation d'un homme qu'ils auront des motifs suffisants de croire occupé de machinations contre le Roi ou sa famille, sans être tenus de le traduire devant les tribunaux pendant l'espace de trois mois !

Que ces éloquentes clameurs ne nous avertissent pas en vain de l'insuffisance de notre Code de procédure criminelle, qui ne permet l'arrestation d'un malfaiteur prêt à commettre un crime dont les apprêts sont connus de l'autorité, qu'après la consommation de ce crime (1).

AINSI, non contents du mépris qu'ils affichent pour la religion, mépris qui va jusqu'à la haine à l'égard de celle de l'Etat, ils calomnient, avec une effronterie que rien ne peut déconcerter, ces apôtres de l'Évangile qui parcourent les villes et les campagnes, où ils ravivent le flambeau de la

---

(1) Une révision de la procédure en France me semble indispensable. Il me paraît urgent d'examiner les effets moraux et politiques des dispositions qui opèrent l'absolution des malfaiteurs qui n'ont pu achever de consommer un crime pour lequel, autant qu'il est en eux, ils ont tout préparé ; et de celles qui, sous le prétexte du respect dû à la liberté individuelle, ôtent à l'autorité protectrice de l'ordre public la faculté de faire arrêter un misérable dont les machinations lui sont connues, tant qu'elle n'a pas obtenu des preuves matérielles suffisantes pour le traduire devant les tribunaux. Jusqu'à ce qu'une législation plus sage ait offert à la société d'autres garanties que celles que lui offre la législation actuelle, la loi du 30 mars, sur la restriction mise à la liberté individuelle, doit continuer d'être en vigueur, et il devrait en outre être statué sur la question de savoir si cette loi doit se borner aux attentats prémédités contre le Roi et contre la famille royale.... On dirait que notre Code pénal est l'ouvrage de gens qui pressentaient qu'ils travaillaient contre eux-mêmes ou contre leurs pareils.

foi, consolant les fidèles du veuvage de quinze mille paroisses qui manquent de pasteurs! leur diabolique intolérance contre les missions, partout desirées, partout appelées, ils la poussent jusqu'à la rage! Sachons y voir la preuve de l'importance de la religion, de son influence directe, irrésistible sur la tranquillité de l'Etat et le bonheur des peuples; et que le bien infini qu'on peut obtenir des missions nous détermine à ne pas borner à une tolérance, souvent très équivoque, les encouragements qui leur sont dus (1).

AINSI nous les voyons se révolter à la seule idée que les hommes de notre ancienne France

---

(1) Les principes ou les mesures auxquelles il est urgent de recourir sont les suivants :

La religion de l'Etat a seule le droit d'exercer hors de ses temples les cérémonies extérieures de son culte.

La loi tolère tous les autres cultes; mais celui de la majorité, qui est aussi celui de l'Etat, a droit au respect de tous les citoyens; en conséquence, les ordonnances concernant les jours de repos et la décoration extérieure des édifices pour les cérémonies religieuses seront obligatoires pour tous, sans distinction de croyance.

Les travaux apostoliques de la congrégation des missions de France seront encouragés, multipliés et placés sous la protection spéciale des autorités locales.

Ils acquerront un caractère officiel, au moyen des rapports qui seront établis entre le supérieur des missions et le directeur-général des cultes, sous l'autorité du ministre de l'intérieur.

Dans chaque diocèse, les évêques seront à la tête des missions, et en dirigeront les travaux, auxquels sera donnée toute l'extension possible.

Une expiation générale des profanations révolutionnaires, des crimes qu'elles ont enfantés, et particulièrement de celui du 21 janvier, sera ordonnée dans tout le royaume, comme le premier objet à remplir pour anéantir à jamais la révolution. Commençons par détester ses actes, si nous voulons nous montrer dignes de les réparer.

puissent être attachés au service de leur France nouvelle !

Tirons-en cette conséquence, que ces hommes qui les effrayent sont ceux sur lesquels, s'il est sage, le gouvernement doit s'appuyer de préférence.

AINSI, sous le prétexte d'une liberté chimérique, d'une égalité absolue, que l'état social ne peut pas supporter, ils individualisent tous les intérêts, toutes les affections, et repoussent, comme d'odieux priviléges, comme faisant naître l'esprit de corps, qu'ils croient antipathique avec l'amour de la patrie, toute idee de ramener l'industrie sous le régime réglementaire; ils veulent bannir de notre ordre politique la seule institution démocratique qui puisse s'allier sans aucun inconvénient et avec beaucoup d'avantages à nos formes monarchiques !

Que cette bizarre inconséquence nous dispose à reconnaître la tendance générale à la résurrection des anciennes corporations. Quelques-unes existent déjà, en fait si non en droit, par la force des mœurs populaires qui ont résisté à la puissance destructive de la révolution : il en est même, telles que celle des bouchers et des boulangers de Paris, dont, en l'absence de la loi, de qui seule elles émanaient autrefois, l'autorité s'est vue forcée, en quelque sorte, de sanctionner l'existence: achevons cette heureuse régénération, qui s'opère, pour ainsi dire, malgré nous, et que le régime conservateur des corporations remplace les théories anarchiques qui, isolant ce qui tend à se réunir, mettent l'esprit de licence, d'égoïsme, de fraude et de cupidité à la place de l'esprit de famille, lequel, ami de la règle, inspirateur des bonnes mœurs et de la bonne foi, convertit en une bienveillance réciproque, en une émulation louable, des rivalités individuelles qui n'engendrent que désordres et inimitiés.

AINSI, au mépris des promesses les plus solennelles, du sacrifice le plus absolu fait généreusement sur l'autel de la concorde et de la nécessité par les victimes de la révolution, ils vont sans cesse semant les alarmes pour retenir ou attirer dans leur parti les possesseurs des biens nationaux, dont eux seuls troublent la sécurité, parce qu'eux seuls ont besoin de discorde!

Fermons la bouche à ces clameurs perfides; sachons céder à l'opinion qui s'obstine à ne pas s'appaiser sur des injustices qu'en vain la politique espère pouvoir impunément se dispenser de réparer; ouvrons l'oreille à la sage proposition d'un maréchal de France, ôtons à nos factieux un de leurs moyens les plus sûrs d'entretenir au milieu de nous la défiance et l'esprit de parti; sachons enfin nous résoudre à effacer les traces, je ne dis pas du plus grand crime (plût à Dieu que cela fût vrai!), mais de l'un des plus grands ravages de la révolution, en combinant un système d'indemnité qui réconcilie les spoliés et les spoliateurs, qui fasse disparaître toute inégalité de valeur vénale entre les propriétés immobiliaires d'après leur origine, et qui légitime à jamais celles que, plus puissante que la loi, l'opinion refusera d'absoudre du reproche d'usurpation, tant qu'une satisfaction suffisante n'aura pas été accordée à la morale publique qu'outrage un désordre si monstrueux.

Enfin, portons une loi sévère contre quiconque menacera la sécurité des possesseurs actuels des biens nationaux, ou qui s'upposeront aux anciens propriétaires des dispositions à troubler cette sécurité.

AINSI, alléguant l'égalité prétendue des droits de tous les cultes, ils crient à l'intolérance aux moindres dispositions législatives ou administratives qu'on propose, d'une voix timide, en faveur de la religion de l'Etat; ils bannissent cette religion de la loi, qui, selon eux, doit être athée, et de l'éducation qu'ils abandonnent à tous les caprices de l'esprit humain!

Osons exiger, pour cette religion de l'Etat, un respect universel qui ne saurait blesser en rien une tolérance légale mais passive pour toutes les autres croyances, tant qu'elles se contentent de la seconde place, et ne cherchent pas à troubler le repos public par des prétentions ambitieuses; reconnaissons surtout que la morale, qui ne peut avoir d'autre base que la religion, doit être elle-même le fondement de toute éducation publique; et, puisqu'il est du devoir de tout gouvernement de diriger, dans le sens de l'intérêt universel de tous les pères de famille, cette branche, ou plutôt ce tronc principal de l'administration, fermons l'oreille aux préjugés philosophiques qui nous ont jetés depuis trente ans hors de la route du simple bon sens; évitons le scandale de voir, dans un pays catholique, dans le royaume très chrétien, un protestant à la tête de l'éducation, et plaçons cette institution, la première dans l'ordre des besoins sociaux, sous l'influence directe de la religion de l'Etat, de la religion de la presque unanimité, de la religion du prince.

AINSI ils ont poussé des cris de joie à l'occasion

d'une loi militaire qui a dépouillé le Roi de sa prérogative la plus importante pour la stabilité du trône !

Voyons, dans cette législation imprudente ou perfide, un acheminement aux sanglantes révolutions qui ont agité le bas-empire pendant des siècles; considérons ces droits concédés au pouvoir du sabre comme tendant à inoculer à nos soldats l'esprit des gardes prétoriennes; ne nous déguisons pas que la loi du recrutement actuellement existante tend à transporter dans l'armée l'esprit de la révolution qui s'est éteint dans la classe populaire où, si long-temps, il fit tant de ravages; n'oublions pas par quelle succession de tentatives échouées nos révolutionnaires en sont venus à n'avoir plus d'autre ressource que de chercher des auxiliaires dans nos légions. Voyons-les essayer d'abord de corrompre la classe ouvrière dans nos grandes villes et surtout à Paris; se replier ensuite sur les campagnes, qu'ils ont infectées de leurs pamphlets séditieux; échouer à Lyon, échouer à Grenoble; et, n'obtenant plus aucuns succès, mais laissant dans nos faubourgs comme dans nos hameaux de tristes traces de leurs essais infructueux, souffler dans nos écoles l'esprit d'insubordination et de révolte; et, enfin, après avoir fait l'épreuve de l'impuissance de ce moyen de trouble, appuyer leur dernier espoir sur l'armée, non seulement en France, mais dans toute l'Europe, et donner en Espagne un signal de soulèvement auquel il faut s'attendre que répondront, si on ne se hâte d'y porter remède, tous les soldats de la chrétienté. Que l'exemple de Riego et de Quiroja nous éclaire, et hâtons-nous de rendre à la couronne ce qui fait sa force et sa gloire, le droit de disposer de tous les emplois d'encourager, de récompenser la fidélité et le dévouement, et de ne pas faire, du courage, chez une nation brave comme la nôtre, un titre tellement imposant que, séparé de ces deux éléments nécessaires de la force publique, il puisse se croire des droits, qu'au péril de sa propre existence, le monarque serait tenu de respecter.

AINSI ils ont pris à tâche de vouloir que Louis XVIII renie notre antique alliance avec une nation voisine dont les soldats, nos compagnons de gloire, acquirent parmi nous, au 10 août et au 20 mars, la plus noble naturalisation! Manquant, pour leur complaire, à la foi des traités, il faut que ce monarque paie d'ingratitude l'amitié des généreux descendants de Guillaume-Tell, et renonce à la sécurité que nous donne cette amitié pour 80 lieues de nos frontières!

Que ces vains efforts pour égarer la sagesse du Roi, que ces déclamations à froid, ces lieux-communs si familiers aux révolutionnaires de tous les temps et de tous les pays, nous révèlent l'inquiétude que leur donnent la présence d'une force armée inaccessible à leurs séductions et le parti immense que peut tirer l'Europe entière, pour sa tranquillité future, des troupes étrangères dont l'admission dans chaque état, organisée sur un plus vaste plan, me semble pouvoir lui offrir la sauve-garde la plus sûre du maintien de l'ordre existant.

AINSI enfin, ils prétendent exprimer seuls les véritables vœux de la nation! ils se disent ses seuls interprètes! sous le Roi légitime, ils veulent que les royalistes ne soient considérés que comme une fraction ennemie, mais imperceptible, dans la masse de la population presque entièrement imbue de leurs principes et de leur turbulence !

Rendons plus de justice à cette belle France qu'ils calomnient ainsi, et, pour leur ôter désormais tout prétexte de répéter ces étranges blasphêmes, ne dédaignons pas de constater cette imposture EN COMPTANT LES VOIX.... Il est plusieurs moyens d'y parvenir : que le principe soit admis, l'exécution sera facile.

Telles sont les propositions qui m'ont paru offrir la solution du problème mis en discussion par l'Académie : si je ne m'abuse pas, elles prouvent du moins que le mal existant est loin d'être incurable.

Cependant je suis loin de prétendre avoir rempli ma tâche : j'ai montré la voie du salut; mais c'est aux gouvernements seuls à nous l'ouvrir : sans eux, sans leur volonté ferme d'y faire entrer, d'y maintenir les peuples, il n'y a pas de remède au mal qui nous dévore; le gouffre des révolutions finira par tout engloutir. Une dernière proposition qui rattachera toutes celles qui précèdent à l'intérêt universel de l'Europe, achèvera d'expliquer ma pensée.

Si je me trompe sur son importance, sur son utilité radicale, j'avoue que j'ai eu tort de croire à la possibilité de répondre péremptoirement à la question proposée par l'Académie. Cette question n'a été que le rêve d'un homme de bien : l'espoir d'y répondre d'une manière satisfaisante fut un rêve du même genre ; elle est insoluble, dans toute la force du terme, du moins pour moi.

§. IV.

Moyen principal d'anéantir la révolution, et sans lequel ceux qu'indique le paragraphe 3 ne seraient que d'impuissants palliatifs.

On se flattera vainement d'éteindre l'incendie révolutionnaire, si ceux qui sont le plus intéressés à s'en rendre les maîtres, les souverains, ne se pénètrent pas de la nécessité d'imposer silence à leurs affections les plus chères, d'immoler surtout toute idée d'ambition ou de favoritisme au besoin de rasseoir sur ses bases la civilisation européenne menacée d'une subversion qui les atteindrait les premiers.

Une résolution inébranlable d'entretenir entre eux une paix que rien ne soit capable d'altérer, en la basant sur le *statu quo* des traités existants, est indispensable.

Elle l'est au moins jusqu'à ce qu'un calme parfait ait succédé à l'inquietude générale que suscitent dans toute l'Europe moins d'un millier d'esprits faux ou de cœurs corrompus dont les passions inexorables ont creusé ce gouffre effrayant sur lequel se voient avec effroi suspendus cent cinquante millions d'hommes que cette poignée de perturbateurs prétend soumettre à une régénération chimérique, laquelle serait le tombeau de toutes les races royales et de la prospérité de tous les peuples.

Il s'agit d'étouffer ce qu'on appelle *l'esprit du siècle*, qui n'est qu'esprit *de destruction*, et de le remplacer par un nouvel esprit qui ne soit que *de conservation.*

Les rois doivent donc éloigner d'eux tous ceux de leurs conseillers ou de leurs ministres qui, ayant eu le malheur de se laisser entraîner dans les voies révolutionnaires, n'auraient pas cette force de reins dont parle le philosophe de Bergerac, pour s'arrêter tout court et lutter contre le torrent des idées modernes, avec la résolution ferme de le dompter ou de mourir à la peine, plutôt que de lui céder de nouveau.

Sans cette condition, toutes les académies, tous les congrès, toutes les diètes, tous les cabinets du monde auront beau spéculer sur les moyens de *fermer le gouffre des révolutions ;* tandis que les hommes de bien rêveront aux moyens de le combler, ce gouffre s'agrandira sans cesse: les rois y tomberont inévitablement pour peu qu'on les voye conserver, dans leurs relations diplomatiques, quelque chose de cette vieille politique qui, dans les temps ordinaires, soumet aux hasards d'une guerre de spéculation, sans que cela tire à conséquence, une vue secrète d'agrandissement, ou se flatter de s'attacher par des faveurs, par des concessions, les hommes que la révolution a mis en évidence.

Parmi ces hommes, il en est de capables, sans doute, de céder au pouvoir des bienfaits et de chercher de bonne foi à récompenser la confiance de leur maître ; mais celui-ci doit être attentif à ne pas se faire illusion à leur égard ; il doit chaque jour les juger par leurs actes, par l'espèce d'hommes vers lesquels se dirigent leurs préférences, et ne pas hésiter de chercher ailleurs ses ministres ou ses conseillers, si des préventions malheureuses, dont eux-mêmes ne se défieraient pas, les détournent de s'identifier, de se confondre avec les vieux amis de l'ordre légitime.

Ils ne seront pas à la hauteur de leurs devoirs s'ils ne savent pas résister à cette tendance qui, malgré eux, les pousse à choisir leurs coopérateurs parmi ces hommes sans caractère, que j'appelle les hommes du gouvernement de fait.

Toute la sagesse, toute la probité politique de ceux-ci consiste à n'avoir point d'opinion, à se plier à tous les événements, à s'accommoder de toutes les mutations qu'ils n'ont pu empêcher, et à remplir, sans passion, mais sans malveillance, les fonctions qui leur sont confiées, proportionnant sans cesse la chaleur de leur zèle aux probabilités de la durée éventuelle du pouvoir dont ils sont les agents plus ou moins importants ou plus ou moins directs.

De tels hommes peuvent convenir à des temps ordinaires; ils sont déplacés et presque dangereux dans des circonstances critiques telles que celles où nous nous trouvons. Méconnaître cette vérité, c'est mériter de subir les conséquences infaillibles d'une telle imprudence.

Ces observations m'ont paru devoir précéder la proposition que je vais enfin aborder, et sur laquelle doit se fixer particulièrement l'attention de l'Académie; car c'est dans celle-ci qu'est la valeur de mon travail. Tout ce que j'ai dit jusqu'ici n'est rien, *sunt verba et voces et nihil ampliùs*, si les idées que je vais soumettre à mes juges ne leur semblent pas atteindre le but vers lequel j'ai dû diriger mes recherches et mes efforts.

J'ai évité de parler des crimes récents par lesquels se sont signalées les fureurs de la secte anarchique qui, sous divers noms, enveloppe dans ses vœux atroces tout les états européens: j'ai craint qu'un sentiment d'horreur, dont je n'aurais pu me défendre, ne donnât une couleur de partialité, ou au moins de passion à ce mémoire, où j'ai cru devoir conserver le calme du raisonnement : j'userai, jusqu'au bout, de la même réserve.

J'entre donc en matière.

La Sainte-Alliance a tout préparé pour ce que je vais proposer.

C'est par elle que les peuples, inquiets des progrès du désordre qui les menace tous d'une subversion générale, doivent être avertis qu'enfin les princes auxquels la Providence les a soumis, veulent sérieusement assurer leur repos.

Tels seraient le but et l'effet d'une *déclaration solennelle* des membres de la Sainte-Alliance, par laquelle seraient proclamés les principes d'un nouveau droit public de l'Europe, fondé *sur la solidarité des souverains*, se garantissant l'un à l'autre leur mutuelle sécurité.

Un oubli entier, absolu du passé, à compter, pour l'Europe et pour l'Amérique, de l'expiration d'un délai à déterminer pour chaque hémisphère, y serait le fondement inébranlable d'une amnistie universelle, applicable à tous les délits politiques, à toutes les révoltes à main-armée, sous la condition, à l'égard de ces dernières, de cesser toute hostilité avant l'expiration du délit fixé, et de rentrer sous la paisible obéissance de l'autorité légitime, ainsi et de la manière que ses chefs en recevraient l'ordre de cette autorité, à laquelle ils auraient envoyé leur soumission et adressé leur supplique renfermant leurs vues sur la destination à donner aux forces sous leur commandement.

Des mesures répressives d'une continuation de la révolte armée y seraient annoncées et auraient effectivement lieu, sous une direction convenue, immédiatement après que cette continuation serait constatée par un refus formel fait aux commissaires délégués à cet effet, d'obtempérer à la déclaration solennelle de la Sainte-Alliance.

Si des négociations paraissaient nécessaires pour un arrangement définitif, toutes hostilités seraient suspendues et des cantonnements convenables assignés aux rassemblements insurrectionnels dont la subsistance serait, dans l'intervalle, assurée par une convention provisoire, en vertu des pouvoirs dont seraient investis les commissaires de la Sainte-Alliance.

La Sainte-Alliance ne s'immiscerait, en aucune manière, dans le régime intérieur de chaque état, chacun de ses membres conservant la plus parfaite indépendance pour déterminer, à cet égard, soit de son pur mouvement, soit de concert avec les autorités légales associées à son gouvernement, ce qui serait le plus convenable à la stabilité ou à l'amélioration de l'ordre actuellement subsistant.

A l'égard des simples délits politiques, l'effusion de sang exceptée, des écrits renfermant des doctrines pernicieuses, des machinations quelconques contre la paix et la bonne harmonie qui doivent résulter de la soumission aux autorités et aux lois existantes, enfin et surtout à l'égard des sociétés secrètes ou autres non autorisées par les gouvernements locaux, la récidive, après le délai stipulé pour le continent de l'Europe, rendrait les délinquants punissables, non plus seulement au nom du souverain dans les états duquel ils auraient continué de se montrer incorrigibles, mais au nom de la Sainte-Alliance elle-même; en conséquence, quoique jugés par les tribunaux du lieu du délit, des lieux de déportations communs à toutes les puissances seraient assignés pour recevoir les perturbateurs qui seraient condamnés à cette peine, soit à temps, soit à vie.

Une pénalité uniforme pour toute l'Europe, en matières de délits politiques, serait convenue entre tous les souverains et convertie en loi par chacun d'eux dans leurs états respectifs, selon les formes usitées dans lesdits états.

De telles mesures, que les perturbateurs ne manqueraient pas de qualifier UN COUP D'ÉTAT EUROPÉEN (absurdité qu'ils se donneraient de garde de répéter le lendemain du jour où aurait expiré le délai qui leur serait accordé pour venir à résipiscence), exciteraient, on ne peut en douter, un enthousiasme universel dans toute l'étendue de l'Europe, désormais rassurée sur son avenir : les cris de joie, d'amour, et de reconnaissance de la masse fidèle et amie, annonceraient à l'univers que le règne de l'ordre a remplacé d'une manière stable le règne des révolutions ; et ces cris, retentissant dans les deux Mondes, suffiraient, j'ose l'affirmer, pour faire rentrer dans les enfers le démon des discordes, qui, depuis tant d'années, en est sorti pour la désolation de l'univers.

Par une conséquence naturelle de cette déclaration, une loi uniforme dans ses dispositions principales instituerait dans toute la chrétienté une répression efficace des prédications anarchiques, au moyen d'une censure permanente et d'une législation sévère contre les délits de la presse, désormais fermée aux doctrines anti-sociales et anti-religieuses.

Cette censure serait partout organisée sur le même pied, *sauf les modifications qu'on croi-*

rait commandées par les constitutions locales. Mais, dans tous les cas, les livres ou écrits imprimés quelconques ne pourraient circuler d'un état à un autre, sans être revêtus d'un timbre de garantie universelle constatant qu'ils ont eu l'approbation des censeurs locaux.

Les peines à infliger aux infracteurs de cette loi seraient sévères et irrémissibles. Elles iraient, selon les cas, jusqu'à la peine de mort, étant hors de toute contestation que les empoisonneurs, à l'égard desquels personne ne se récrie contre la peine capitale, sont moins haïssables, moins criminels, moins punissables que les écrivains corrupteurs qui entreprennent de pervertir l'esprit des peuples et de bouleverser l'ordre social.

Les lois sévères épouvantent les faux philosophes: les vrais sages n'y voient qu'une garantie plus certaine de leur exécution.

Dans le cas actuel, cette sévérité ne frapperait que sur des délits auxquels le vulgaire ne peut atteindre; mais ces mêmes délits, chez ceux qui, libres de s'en abstenir, s'acharneraient à s'y abandonner, ne prendraient-ils pas le caractère d'une obstination égale à leur perversité? Il n'y aurait donc pas l'ombre d'un prétexte aux ménagements dont on croirait devoir user à leur égard.

Si l'on décide que le régime intérieur de la France ne comporte pas une censure obligatoire pour tous les écrits, on accordera aux écrivains la faculté de s'y soumettre volontairement; la loi devra être d'autant plus sévère contre les délits de ceux qui n'useront pas de cette faculté, et d'ailleurs les écrits de ceux-ci n'étant pas revêtus du timbre de garantie universelle, ne pourront circuler, ni dans l'intérieur du royaume, par la poste, ni dans les autres états, par quelque moyen que ce soit.

La législation européenne serait uniforme à l'égard des journaux.

On reviendrait, à leur égard, aux seuls principes que puisse avouer la raison, calme et réfléchie.

On reconnaîtrait que le droit qu'ils se sont arrogé jusqu'ici de s'ériger en prédicateurs de morale et de politique, est l'usurpation d'une influence à laquelle ils ne pourraient prétendre qu'autant qu'il serait libre à tous autres qu'eux d'insérer dans leurs feuilles tout ce qui leur plairait, en suivant un ordre de priorité déterminé dans l'intérêt de tous; en conséquence, ils seraient réduits au rôle de nouvellistes, de simples narrateurs, et toutes réflexions sur les faits qu'ils annonceraient dans leurs feuilles leur seraient interdites.

Une maison de détention spéciale dans chaque souveraineté devrait être affectée aux prévenus des crimes ou délits mentionnés dans la déclaration de la Sainte-Alliance, comme tendant à troubler la paix de l'Europe.

Cette maison serait placée sous le commandement d'un officier supérieur nommé par le souverain local et régie militairement.

La garnison à laquelle la garde en serait commise se composerait de troupes étrangères fournies, dans une proportion à déterminer, par les divers membres de la Sainte-Alliance.

Ces troupes seraient mises, pour la solde, l'entretien, l'habillement, etc., sur le même pied que les troupes du pays, et laissées réciproquement à la charge du souverain local.

Le nombre des troupes que les souverains

échangeraient ainsi entre eux ne serait pas limité ; ils s'entendraient mutuellement pour l'augmenter ou le restreindre selon les circonstances. Les capitulations qui auraient lieu à cet égard pourraient rester secrètes où être publiées conformément aux stipulations des traités, mais ne seraient, en aucun cas, soumises à l'examen du pouvoir législatif, là où ce pouvoir se trouverait distinct et séparé de l'exercice de la souveraineté.

Les membres de la Sainte-Alliance s'accorderaient réciproquement, au nom de l'intérêt commun, le droit de requérir, l'un de l'autre, l'arrestation de ceux des sujets du souverain requis qui, par leurs écrits ou leurs actes, auraient tenté de compromettre la tranquillité générale ou la bonne harmonie que veulent maintenir entre eux les princes de l'Europe.

Les détenus en vertu de ces réquisitions devraient être mis, dans le délai de quatre mois au plus, à la disposition du procureur général pour être procédé contre eux dans les formes ordinaires, et les corrections ou punitions spécifiées dans la déclaration ou le Code pénal de la Sainte-Alliance, leur être appliquées selon la gravité des cas.

Toute tentative tendant à provoquer les peuples à la désobéissance, à exciter des soulèvements, à mettre en doute les droits légitimes de la souveraineté, ne pourrait être punie d'une peine moindre que la déportation. Le souverain du condamné, s'interdirait d'exercer le droit de grâce qui lui appartient, sans l'acquiescement du souverain requérant. Ce même droit de grâce ne souffrirait aucune restriction lorsque les poursuites contre le condamné auraient été exécutées du propre mouvement des autorités locales.

Les souverains alliés s'obligeraient enfin à refuser, dans leurs états respectifs, asile à tous malfaiteurs étrangers poursuivis pour délits politiques, et à les remettre spontanément et sans qu'il fût besoin de réquisition préalable, sous la main de la justice de leur pays.

Si ces propositions semblent hors de mesure, si je me suis abusé sur leur utilité ou sur leur convenance, j'avoue que JE N'AI PAS COMPRIS LA SAINTE-ALLIANCE; *je lui cherche un but*, ET NE SAURAIS LE DÉCOUVRIR.

CONCLUSION.

Ma course est finie. L'Académie va décider si j'ai rempli ma tâche.

Mais, si telle est sa décision, si, contre mon attente, je reçois de ses mains la couronne civique, qu'en pourrai-je conclure en faveur de mon pays, et se flattera-t-elle, elle-même, que ce mémoire, rendu public, obtiendra un regard de ceux qu'il intéresse de plus près?

On a dit et redit cent fois que les empires ont, comme les êtres physiques, leur naissance, leur enfance, leur accroissement, leur brillante maturité, leur décadence, leur décrépitude, et enfin leur mort.

Il est, hélas! trop évident que c'est dans une de ces dernières phases que se trouve la France.

Cependant, à la vue de son immense population et de la force herculéenne avec laquelle, après les deux grandes secousses qu'elle a éprouvées en 1814 et 1815, elle en supporte le conséquences épouvantables, que de gens considèrent ces théories sur la marche des choses humaines comme inapplicables à notre position et m'accuseraient de sonner l'alarme sans cause si je cherchais à prouver que telle catastrophe peut arriver d'un instant à l'autre, qui serait la dernière pour la race régnante, et qui, peut-être, donnerait le signal de la chute irremédiable de toutes les races royales de notre vieille Europe!

Je ne sais pas, personne n'est en état de dire ce que pourraient devenir, en très peu de temps, cette Europe, cette France qui, encore en ce moment, paraissent si pleines de vie, quoiqu'un ver rongeur les dévore, si, par trop de confiance dans la seule force de leur tempérament, on les abandonnait aux seuls efforts de la nature pour se débarrasser de l'humeur morbifique qui les tourmente.

Ce ne seraient plus des conquêtes, des démembrements, de nouveaux systèmes d'équilibre qui changeraient leur physionomie et leurs divisions politiques; plus probablement une dislocation générale surpassant tout ce que l'histoire a pu recueillir d'effrayant en ce genre, serait le résultat de cette funeste incurie.

Qu'espérer des hommes sans Dieu, sans lois, sans mœurs, sans règles, sans autre guide que leurs passions, qui seraient parvenus à mettre la force aveugle et destructive d'une multitude enivrée des plus folles chimères, à la place de la force de direction et de protection dont ils auraient détruit les bases en ouvrant la lice à toutes les erreurs, à toutes les cupidités, à tous les vices, à toutes les fureurs, et en proclamant l'indépendance de toutes les volontés comme le fondement des sociétés humaines?

Que serait-ce si l'exemple de l'Espagne fournissait à ces mêmes hommes l'audace et les moyens de tourner, partout ailleurs, contre les trônes les armes mêmes destinées à les défendre du fléau des révolutions ? Encore une tentative du même genre qu'on ne se hâterait pas de réprimer, et dont les coupables moteurs ne payeraient pas de leur tête ce nouveau signal de dissolution sociale, et il sera permis de croire au retour prochain des abominations de 1793, étendues à toute l'Europe.

Les vils tyrans de cette affreuse époque se vantaient (sans doute on s'en rappelle encore), que leur révolution ferait le tour du globe. Il faudra bientôt ne voir en eux que des prophètes, si on tarde de prendre des mesures contre le danger imminent de voir leur horrible prédiction s'accomplir.

Le faux éclat d'une vaine et trompeuse gloire n'a point absous la France d'avoir, la première, donné le honteux exemple de ce dévergondage de l'esprit humain qui bouleverse les empires.

Il n'y a plus, pour elle, à se faire illusion.

La seule gloire véritable qui puisse effacer ses torts immenses envers le monde, envers le temps, envers Dieu, envers les hommes, envers elle-même, c'est celle d'être aussi la première à entrer dans la voie de réparation que l'Académie a eu l'heureuse et noble idée d'essayer d'ouvrir devant elle.

Honneur aux ministres qui ne s'abuseront pas au point de ne voir, comme l'ont fait certains esprits légers, *qu'une question oiseuse* dans celle à laquelle je viens d'essayer de répondre !

Si méditer les moyens d'anéantir à jamais la révolution leur semble au-dessous d'eux, il faut plaindre la France d'avoir des ministres si grands :

si, grâce au système de centralisation qui les tient enfoncés dans les plus misérables détails, c'est pour eux la chose impossible, il faut les plaindre eux-mêmes, et ne pas s'étonner de ce que des hommes qui n'ont pas le temps de penser, n'aillent, à proprement parler, que par routine, vivant au jour le jour, sans songer aux moyens qu'ils ont de se rendre maîtres de l'avenir, ou ne croyant pas posséder ces moyens:

In divitiis inopes, quod genus egestatis gravissimum est.

Il n'en est pas moins vrai que rien ne fut plus utile que d'appeler, comme l'a fait l'Académie, l'attention des hommes de bien sur la nécessité d'assigner enfin un terme à la révolution française.

Cette révolution en a enfanté d'autres.

Celles-ci, à leur tour, en enfanteront d'autres encore si l'on ne songe pas sérieusement et promptement à prévenir une conflagration générale.

Si les remèdes que j'indique sont bons, il faut les appliquer sur-le-champ; s'ils ne le sont pas, il faut en chercher et en découvrir d'autres.

Mais, surtout, il faut se hâter: le mal croît à vue d'oeil, tandis qu'on délibère sur les moyens de s'en rendre le maître.

On trouve chez les mêmes libraires la tragédie de *Louis XVI*, en cinq actes et en vers, par M. le chevalier de Fonvielle; prix : 4 fr. 50 cent. et 5 fr. par la poste.

Ce même ouvrage se trouve aussi au secrétariat de l'Académie des Ignorants, rue Saint-Honoré, où l'on souscrit pour le *Mercure royal*, ouvrage faisant suite au *Parachute monarchique*.

Il paraît tous les jeudis par cahiers de trois feuilles.

Prix : 14 fr. par volumes de 600 pages, desquelles sont à déduire les ouvrages séparés que l'Académie s'est réservé de fournir à ses abonnés, soit qu'elle les prenne dans le commerce, soit qu'elle prenne des arrangements directs avec leurs auteurs, qui ne trouveraient pas à leur convenance de les insérer dans le *Mercure royal*.

www.ingramcontent.com/pod-product-compliance
Ingram Content Group UK Ltd.
Pitfield, Milton Keynes, MK11 3LW, UK
UKHW020455230726
13925UKWH00005B/1952

9 782014 045765